Birgit Utermarck

Wichtel, Elch &
Tannenbaum

Bastelspaß
für groß & klein

CHRISTOPHORUS

BRUNNEN-REIHE

© 1999 Christophorus-Verlag GmbH
Freiburg im Breisgau

Alle Rechte vorbehalten –
Printed in Germany

ISBN 3-419-56067-2

Styling und Fotos: Roland Krieg, Waldkirch
Textredaktion: Dr. Ute Drechsler-Dietz
Umschlaggestaltung: Network!, München
Produktion: Print Production, Umkirch
Druck: Freiburger Graphische Betriebe, 1999

CHRISTOPHORUS
Bücher mit Ideen

Inhalt

Engel, Wichtel, Weihnachtsmann

Für keine andere Zeit des Jahres kennen wir so viele traditionelle Symbole wie für die Weihnachtszeit. Der Weihnachtsmann, die Engel, die Sterne, der Tannenbaum, die Wichtel, der Schneemann und auch der Elch aus dem hohen Norden gehören dazu. Auf den farbenfrohen Papierdekorationen dieses Buches nehmen sie in vielen Größen und in den unterschiedlichsten Funktionen Gestalt an.

Der schaukelnde Wichtel erscheint als Fensterbild, der hampelnde Elch wird zum Wandschmuck und der jonglierende Schneemann steht auf der Fensterbank oder der Kommode. Dort können auch die sitzenden Kinderfiguren Platz nehmen. Der Weihnachtsmann gibt als Steckfigur grünen Pflanzen oder Zweigen einen farbigen Akzent, als Dekoration auf dem Weihnachtsteller wird er sich unter Gebäck verstecken und in Gestalt eines Tischsets blickt er fröhlich über den Tellerrand. Als kleinste Formen erscheinen Engel, Vögel und Laterne für Geschenk- oder Baumanhänger. Es finden sich natürlich auch Weihnachtskarten, die hier nicht nur aus Papier geklebt, sondern auch aus Filz genäht werden.

Viele Papiermotive sind mit Knöpfen, Bändern, Schnüren, Bast und Stickgarn verziert und erhalten so ihre besondere Wirkung. Die hier gezeigten Beispiele lassen sich durch eigene Ideen noch beliebig erweitern und so mit einer individuellen Note versehen.

Birgit Utermarck

Material und Technik

Die Papiere

Hauptbestandteil aller hier gezeigten Bastelarbeiten ist *Tonkarton* und *Tonpapier*. Beide Materialien sind durchgefärbt und unterscheiden sich voneinander nur durch ihr Gewicht. Diese Papiere werden im Handel in vielen Farben angeboten. Alternativ dazu bietet sich *Canson* an. Es ist lichtecht ausgerüstet und seine schönen Farben sowie die geprägte Oberfläche machen es zusätzlich attraktiv. *Fotokarton* ist nun auch bedruckt *mit Streifen und Punkten* erhältlich. Eine reizvolle und plastische Wirkung erzeugt die farbige *Wellpappe*.

Die textilen Materialien

Textile Werkstoffe sind in Kombination mit Papier ein zusätzliches, interessantes Gestaltungsmittel: *Dünner Baumwollstoff* und *Filz* eignen sich für Schals und Flicken. *Bindfäden, Hanfschnüre, Stickgarn* und *Taftband* lassen sich zu Schnüren, Bändern und Haaren verarbeiten. Ebenso kann aufgeklebter oder angeknoteter *Naturbast* wirkungsvoll eingesetzt werden. Aufgenähte *Knöpfe* bilden einen lustigen Blickfang.

Das Übertragen der Vorlagen

Alle Motive für die Bastelarbeiten befinden sich in Originalgröße auf dem Vorlagenbogen.
Mit Hilfe von *Bleistift und Kohlepapier* können die Motivteile direkt auf das Werkmaterial übertragen werden. Oder *transparentes Zeichenpapier* auf die Vorlage legen und das Motiv mit einem harten *Bleistift* durchzeichnen. Die Konturen dann auf der Rückseite des Transparentpapiers mit *weichem Bleistift* nachfahren, dann das Papier mit der Rückseite nach unten auf das Werkmaterial legen und die Linien noch einmal mit einem hartem Bleistift durchdrücken. Zahlreiche Arbeiten in diesem Buch sind doppelseitig hergestellt. Die Bildteile werden also zweifach angefertigt, dazu die gewünschten Motive aus Doppellagen der entsprechenden Papiere ausschneiden. Diese am besten vorher mit Heftklammern zusammentackern, damit sie sich beim Schneiden nicht verschieben.

Das Schneiden

Gute Schneidewerkzeuge sind die Voraussetzung für sauber ausgeführte Papierarbeiten. *Scharfe Scheren* in verschiedenen Größen gehören zur Grundausstattung. Für Motive mit großen geschwungenen Linien ist ein *Papiermesser (Cutter)* ideal. Für lange, gerade Linien ist ein *Metallineal* hilfreich, an dem der Cutter entlanggeführt wird. Für kleinere Rundungen und Innenformen eignet sich ein *Grafikermesser* mit spitzer, auswechselbarer Klinge besonders gut. Beide Schneidemesser nur auf einer *schnittfesten Unterlage* einsetzen. Dazu entweder eine feste Pappe verwenden, die jedoch häufig ausgewechselt werden muß, oder besser eine spezielle *Schneideunterlage (Cutmat)* benutzen.

Achtung: Für Kinder sind Cutter und Grafikermesser ungeeignet. Sie sollten besondere Scheren mit abgerundeten Ecken verwenden.

Bei einigen Arbeiten sind ein *Bürolocher* und gelegentlich eine *Lochzange* notwendig.

Das Kleben

Für die Klebearbeiten empfehlen sich *flüssiger Klebstoff* (z.B. UHU flinke Flasche), *Alleskleber* (z.B. UHU extra) und *Holzleim* (*Weißleim*, z.B. UHU coll).
Weißleim ist auch für das Montieren von Stickgarnfäden, Bastfäden und Stoffteilen geeignet, ebenso zum Befestigen von Wellpappe.

Tip: Klebstoff läßt sich mit einem Kartonstück gleichmäßig verstreichen.

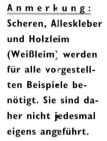

Weihnachtlich gedeckt

Material

◆ **Tonkarton in Weiß, Rot**
◆ **Canson/Tonpapier in Rosé, Gelb, Grün, Schwarz**
◆ **schmales Goldband**
◆ **Deckweiß**

◆ **feiner Pinsel**
◆ **Falzbein**
◆ **Lineal**

Vorlage A

❶ Den Bommel und die Handschuhe doppelt, alle anderen Motivteile einfach zuschneiden.

❷ Das Gesicht auf den Vollbart kleben, darauf den Schnauzbart und die rote Nase setzen. Schwarze Augenpunkte fixieren, mit Deckweiß Lichtpunkte hineintupfen. Einen weißen Pelzbesatz an der Stirn anbringen, die Mütze dahinter befestigen. Den Bommel beidseitig ergänzen. Das Mantelteil von hinten gegen den Bart kleben und die Handschuhe deckungsgleich fixieren.

❸ Die markierten Linien an Mütze und Armen falzen. Den Mützenzipfel und beide Arme nach vorne umfalten. Die Handschuhspitzen auf dem Mantel befestigen.

❹ Für den *Serviettenring* den Tannenbaum (Canson) mit einem gelben Stern schmücken. Ein Goldband um die Einschnitte wickeln und auf der Rückseite verknoten. Einen roten Streifen aus Tonkarton (12 x 0,7 cm) zum Ring kleben und den Tannenbaum darauf anbringen.

6

Rabe mit Schlitten

Material

◆ **Tonkarton in Gelb, Schwarz, Grün**
◆ **Canson/Tonpapier in Weiß, Schwarz**
◆ **Filz in Weiß, Rot**
◆ **mittelstarker Bindfaden**

◆ **Lochzange**
◆ **Bürolocher**

Vorlage B

❶ Sämtliche Bildelemente aus Tonkarton und Canson zweifach herstellen.

❷ Den Schlitten deckungsgleich aufeinanderkleben und vorne an der Kufe ein Loch einstanzen (Lochzange). Einen etwa 24 cm langen Bindfaden hindurchziehen und die Schlinge verknoten.

❸ Den Raben mit einem gelben Schnabel und gelben Füßen versehen. Einen weißen Augenpunkt und eine schwarze Pupille aus Canson aufkleben. Den Vogel auf den Schlitten setzen und dort fixieren. Hinter dem Flügel einen schmalen weißen Konturstreifen anbringen. Dann den Flügel so befestigen, daß die Flügelspitze den Schlitten berührt.

❹ Die Rückseite gegengleich gestalten. Für den Schal einen roten Filzstreifen von ca. 30 cm Länge und ca. 2,8 cm Breite anfertigen. An beiden Enden Fransen einschneiden (s. Abbildung). Aus weißem Filz mit einem Bürolocher Punkte ausstanzen und aufkleben. Den Schal um den Hals des Raben knoten.

Winterkinder

Material

◆ **Canson/Ton-
  papier in Rosé,
  Gelb, Gelbgrün,
  Rot, Blauviolett,
  Rotviolett, Grün,
  Türkisblau,
  Dunkelblau**
◆ **Leinenstickgarn
  in Gelb, Orange,
  Mittelbraun**
◆ **roter und
  schwarzer
  Filzstift**
◆ **roter Buntstift**

◆ **Falzbein**
◆ **Lineal**

**Vorlage
C I – 3**

❶ Sämtliche Bildteile doppelt anfertigen. Beim Zuschneiden der Mützen
beachten, daß der vordere Teil zurück-
geschnitten wird.

❷ Die Figuren aus Kopf, Pullover und
Hose zusammenfügen. Hände und Füße
ergänzen, die Musterstreifen, Knöpfe
und Schals anbringen. Mit schwarzem
Filzstift Augen, Nase und Mund, mit Rot
Sommersprossen zeichnen. Mit Buntstift die Wangen betonen.

❸ Für die Haare jeweils 18 Stickgarnfäden (12 bis 18 cm lang) auf den Oberkopf kleben, in der Mitte ca. 12 kürzere
Fäden als Ponyhaare befestigen (s. Vorlage). Die Frisur wie gewünscht kürzen.
Mit den vorderen Teilen der Mützen die
Klebestellen abdecken.

❹ Die Rückseiten der Kinder gestalten.
Zuletzt die markierten Querlinien an
den Beinen vorfalzen und, wie gekenn-
zeichnet, Berg- und Talfalten herstellen, so daß die Figuren sitzen können.

Es grüßt der Weihnachtsmann

Material

◆ Canson/Ton-
   papier in Weiß,
   Gelb, Ocker, Rot,
   Rosé, Grün,
   Türkisblau,
   Dunkelblau
◆ Briefumschläge
   (12 x 17 cm),
   farblich passend
◆ Taftband in Rot
   und Grün
◆ schwarzer
   Filzstift
◆ roter Buntstift

◆ Lineal
◆ Falzbein
◆ Cutter

Vorlage
D 1 – 2

① Die Karten, zusammenhängend mit der Weihnachtsmannfigur, jeweils aus einem Stück weißem Canson zuschneiden. Beide Karten an der markierten Linie falzen und so nach vorne umfalten, daß die rechte Kante die Begrenzungslinie zum Weihnachtsmann darstellt.

② Die Vorderseite der einen Karte mit grünem, der anderen Karte mit türkisblauem Canson bekleben und jeweils an allen vier Seiten an den Markierungen einen Schlitz einritzen.

③ Den Weihnachtsmännern Gesichter, Mäntel und Mützen aus Canson aufkleben. Die Ärmel anfügen und an beiden Figuren Handschuhe und Stiefel ergänzen. Gelbe Knöpfe schmücken die Mäntel, die Gesichter erhalten rote Nasen. Mit Filzstift die Augen zeichnen und mit Buntstift die Wangen betonen.

④ An jeder Karte ein ca. 70 cm langes Taftband durch die vier Schlitze der Vorderseite ziehen, verknoten und zu einer Schleife binden.

Lustige Geschenkanhänger

Material

◆ **Tonkarton in Weiß, Silber, Gold, Pink, Lila**
◆ **Canson/Tonpapierin Weiß, Orange, Gelb, Violett, Rot, Türkisblau, Schwarz**
◆ **goldfarbene Kordel**
◆ **schmales rotes Satinband**
◆ **schwarzer Filzstift**
◆ **roter Buntstift**

◆ **Lochzange**
◆ **Falzbein**
◆ **Lineal**

Vorlage
E 1 – 4

Schneemann

Den Kopf aus weißem Tonkarton, die anderen Bildteile aus Canson einfach zuschneiden. Den Zylinder an der markierten Linie falzen und nach vorne umfalten. Das rote Band vorne aufkleben und den Hut auf den Kopf des Schneemannes setzen. Die Nase anbringen und mit Filzstift Augen und Mund zeichnen. Für die Aufhängung ein Loch in den Hut stanzen.

Engel

Alle Teile aus Canson einfach herstellen. Das türkisblaue Kleid an der bezeichneten Linie falzen und nach vorne umfalten. Den Engel aus Gesicht, Kleid, Armen, Händen und Füßen zusammenfügen. Das Haarteil an den Ponyfransen einschlitzen und auf den Kopf schieben. Mit Filzstift das Gesicht zeichnen und mit Buntstift die Wangen betonen. Das Kleid mit kleinen weißen Punkten schmücken. Auf der Rückseite die Flügel und den Heiligenschein des Engels dagegenkleben.

Laterne

Alle Bildteile einfach zuschneiden. An der orangefarbenen Laterne die markierte Linie vorfalzen. Hinter der Türöffnung die gelben Kreuzstreben anbringen, dann die weiße Kerze und die goldene Türfüllung anfügen. Zuletzt die Tür nach vorne umfalten und am Dach der Laterne ein Loch für den Faden einstanzen.

Gans

Den Körper der Gans aus weißem, Schnabel und Füße aus orangefarbenem Canson einfach anfertigen und die Teile aneinandersetzen. Die markierte Linie vorfalzen und den Flügel nach unten falten. Mit Filzstift das Auge zeichnen und der Gans ein rotes Band umbinden.

Hampel-Elch

Material

- **Tonkarton in Mittelbraun**
- **Canson/Tonpapier in Weiß, Schwarz**
- **Wellpappe in Gelb, Rosa, Rotviolett, Grün, Schwarz, Gold**
- **10 Musterbeutelklammern**
- **rote Holzperle**
- **dünne Baumwollschnur**
- **schwarzer Filzstift**

- **Stopfnadel**
- **Lochzange**

Vorlage F

❶ Aus Tonkarton alle Körperteile der Tierfigur doppelt zuschneiden und deckungsgleich aufeinanderkleben, dabei die Ohren etwas nach vorne biegen.

❷ Die dekorativen Teile und das Geweih aus Wellpappe einfach anfertigen. Das Geweih am Kopf fixieren und die Enden der Schaufeln ein wenig nach vorne wölben. Weiße Augenpunkte anbringen und schwarze Pupillen ergänzen. Mit Filzstift die Schnauze zeichnen, dann die rosafarbene Nase befestigen.

❸ Den rotvioletten Schal so am Körper anbringen, daß die Enden lose bleiben. Den Sattel ankleben und kleine gelbe Dreiecke als Rand daraufkleben. In die Mitte einen goldenen Stern setzen. Den Elch mit schwarzen Hufen ausstatten. An den mit Kreisen markierten Stellen kleine Löcher einstanzen. Den Elch zusammensetzen und mit Musterbeutelklammern verbinden.

❹ Auf der Rückseite, der Zeichnung entsprechend, die Schnüre spannen. Dafür an den mit schwarzen Punkten gekennzeichneten Stellen mit einer dicken Nadel Löcher bohren. Zunächst drei querlaufende Verbindungsschnüre anknoten. Dann die längsverlaufende Zugschnur (ca. 40 cm lang) an der Stirn befestigen und an den gekennzeichneten Knotenpunkten mit den Querfäden verknüpfen. Dort jeweils mit einem Punkt Klebstoff gegen ein Verrutschen sichern. Am Ende der Zugschnur eine Perle anbringen. Am Rücken des Elches einen Aufhängefaden einziehen.

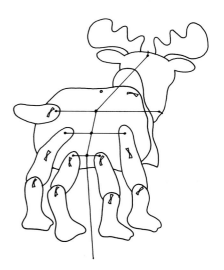

- Tonkarton in
  Beige, Gold,
  Weiß, Gelb,
  Orange
- Canson/Ton-
  papier in Rot,
  Hellblau, Violett
- Tonpapier in
  Gold
- Naturbast in
  Gold, Ocker
- Nähgarn in Gold
  und Ocker
- schwarzer
  Filzstift
- roter Buntstift

- Lochzange
- goldener Auf-
  hängefaden

Vorlage
G 1 – 4

Tip:
Für die Aufhängung
einen Goldfaden
verwenden, dann
sehen die Anhänger
besonders festlich
aus.

Für den Weihnachtsbaum

Für alle vier Anhänger sämtliche Bildteile aus Tonkarton oder Canson
doppelt ausschneiden, nur die Flügel
der Engel einfach anfertigen.

Zwei Engel

Die Engel aus Gesicht, Kragen und
goldenen oder weißen Flügeln zusammenfügen. Mit Filzstift Gesicht mit
Sommersprossen zeichnen, mit Buntstift die Wangen betonen. Für die Haare
ca. 14 Bastfäden von 12 cm Länge
schneiden und mit Nähgarn in der Mitte
lose zusammenbinden. Das „Haarteil"
auf den Oberkopf kleben (Weißleim),
dann die Frisur in die gewünschte Form
schneiden. Über die Scheitelstelle
einen Stern kleben und die Rückseite
entsprechend gestalten.

Vogel

Den Vogel aus weißem Tonkarton
deckungsgleich aufeinanderfügen. Drei
kleine Löcher einstanzen und drei ca.
12 cm lange Bastfäden durchziehen,
dann verknoten (s. Zeichnung). Den
Schwanz nach Wunsch etwas kürzen.
Den Flügel aus goldenem Tonpapier in
der Mitte falzen und falten. Nur mit
einer Hälfte am Vogel befestigen. Einen
gelben Schnabel anbringen und mit
Schwarz das Auge zeichnen. Die Rückseite vervollständigen.

Wichtel

Das Gesicht aus beigefarbenem Tonkarton deckungsgleich aufeinanderkleben. Am unteren Rand 12 kleine Löcher
ausstanzen und jeweils einen ca. 12 cm
langen Bastfaden zur Hälfte legen, von
hinten nach vorne hindurchziehen und
verknoten (s. Zeichnung). Den Bart auf
die gewünschte Länge kürzen. Die Mütze
mit dem Pelzbesatz dekorieren und
einen Bommel anfügen. Mit Filzstift
Augen und Mund zeichnen. Die Nase anbringen und mit Buntstift die Wangen
betonen. Die Rückseite ergänzen.

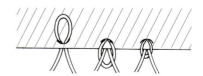

Pinguin-Parade

Material

◆ **Tonkarton in Schwarz, Weiß, Maisgelb**
◆ **Streifen-Foto-karton in Rot-Weiß, Blau-Weiß, Grün-Weiß**
◆ **Naturbast**
◆ **schwarzer Filzstift**
◆ **Klebefilm**

Vorlage
H 1 – 3

❶ Alle Bildteile mit Ausnahme der Füße zweifach anfertigen.

❷ Die Frackteile an den weißen Bäuchen befestigen. Die Schnäbel anbringen und die Füße von hinten gegen die Körper setzen. Weiße Augenpunkte aufkleben und die Pupillen mit Filzstift zeichnen. Die Pinguine mit Streifenschals ausstatten.

❸ Die drei Pinguine hintereinander an einem Bastfaden befestigen, dafür den Faden von hinten mit Klebefilm an den Figuren fixieren. Die Rückseite gegengleich gestalten.

20

Jonglierender Schneemann

Material

◆ **Tonkarton in
  Weiß, Blau,
  Grün, Mittel-
  braun**
◆ **Canson/Ton-
  papier in Rot,
  Orange, Schwarz**
◆ **Filz in Mittelblau**
◆ **grüne Hanf-
  schnur**
◆ **dünner
  Stahldraht
  (Baumarkt)**
◆ **schwarzer
  Filzstift**

◆ **Lochzange**
◆ **Geodreieck**
◆ **Falzbein**

Vorlage J

❶ Aus grünem Tonkarton das Tannen-baum-Faltband einfach zuschneiden. An den markierten Linien mit Hilfe von Geodreieck und Falzbein Linien falzen und, wie angegeben, Berg- und Tal-falten herstellen.

❷ Für den Schneemann Kopf, Körper und Schneebälle aus weißem Tonkarton zweifach anfertigen. Den Körper deck-ungsgleich aufeinanderkleben, den Kopf von der Vorder- und der Rückseite dagegensetzen. Die orangefarbene Nase anbringen und mit Filzstift Augen und Mund einzeichnen. Mit grünen Ton-kartonknöpfen dekorieren.

❸ Die rote Mütze, die Handschuhe und die Stiefel aus Canson doppelt herstel-len und von beiden Seiten befestigen. Dabei die Mützenspitze offen lassen. Mütze und Handschuhe erhalten blaue Streifen. An den Schuhen jeweils vier Löcher ausstanzen, eine grüne Schnur einziehen und verknoten.

❹ Aus blauem Filz einen Schal von 22 x 3 cm herstellen und an beiden Enden Fransen einschneiden. Für den Bommel in ein Rechteck von 5 x 3 cm an der Längsseite Fransen einschnei-den. Das Teil aufrollen und in die Mützenspitze stecken. Den Schal um den Hals der Figur legen und fixieren.

❺ Einen dünnen, 30 cm langen Stahl-draht rund biegen. An den Enden und am Bogen verteilt beidseitig Schnee-bälle anbringen. Den ersten und den letzten Ball hinter die Daumen beider Hände schieben und dort befestigen.

❻ Den Schneemann auf der Tannen-baumkulisse ankleben, daneben einen braunen Hasen setzen. Den Hasen mit einer schwarzen Nase und einem weißen Schwanz versehen. Mit Filzstift Augen, Bart und Beinlinie einzeichnen.

Weihnachtliche Steckfiguren

- ◆ **Tonkarton in Weiß, Blau, Rot, Braun, Orange, Gelb, Schwarz**
- ◆ **Canson/Tonpapier in Rosé, Grün, Rot, Orange, Hellbraun**
- ◆ **Wellpappe in Gold, Weiß**
- ◆ **Naturbast in Gold**
- ◆ **dünner Baumwollstoff (blauweiß kariert)**
- ◆ **weiße Zackenlitze (Baumwolle)**
- ◆ **grüne Hanfschnur**
- ◆ **3 Rundhölzer (5 mm ∅, jeweils ca. 35 cm lang)**
- ◆ **schwarzer Filzstift**
- ◆ **roter Buntstift**
- ◆ **Gewebeband**

- ◆ **Lochzange**

Vorlage
K I – 3

Bei allen Steckfiguren werden die Rundhölzer am Schluß auf der Rückseite mit Gewebeband befestigt.

Weihnachtsmann

Alle Teile doppelt, nur die Füße einfach zuschneiden. Die Figur aus Kopf, Mantel und Mütze zusammensetzen. Den Besatz an Mütze, Mantel und Ärmeln anbringen, Gürtel und Schuhe anfügen. Beim Ankleben des Sackes die Wickelstelle für die Schnur lose lassen. Arm mit Hand ergänzen, Bart und Nase anfügen. Mit Filzstift Augen zeichnen, mit Buntstift die Wangen betonen. Die Rückseite gegengleich gestalten. Zuletzt die Schnur um den Sack wickeln und den Flicken aus Stoff darauf dekorieren.

Engel

Kleid und Haare doppelt, die restlichen Teile einfach zuschneiden. Den Engel aus Kopf, Kleid und Füßen zusammenfügen. Am vorderen Haarteil Ponyfransen einschneiden und die Haare auf den Kopf schieben. Mit Filzstift das

Gesicht zeichnen, mit Buntstift die Wangen betonen. Das Kleid mit Zackenlitze dekorieren. Einen Stern zwischen die Hände schieben und vorne anbringen, einen Stern auf die Haare setzen. Die Rückseite und die Flügel ergänzen.

Pferd

Das Pferd aus Tonkarton doppelt fertigen und zusammenkleben. An den markierten Stellen am Kopf acht kleinere Löcher, am Hinterteil ein großes Loch stanzen. Für die Mähne acht 15 cm lange Bastfäden zuschneiden. Zur Hälfte legen, die Schlinge von vorne durch das Loch führen und verknoten (s. Zeichnung: a–c). Für den Schwanz vier Fäden von 22 cm Länge gemeinsam durch das Loch fädeln und wie beschrieben verknoten. Die Fäden nach oben ziehen (Zeichnung: d). Zaumzeug, Sattel und Hufe aus Canson einfach fertigen und aufkleben. Der Sattel erhält ein Gitterwerk und eine Umrandung. Das Auge zeichnen.

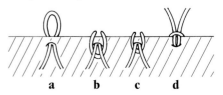

a   b   c   d

24

Wichtel

Material

◆ Tonkarton in
  Weiß, Rot, Gelb,
  Blau, Grün,
  Ocker
◆ Canson/Ton-
  papier in Rosé
◆ blaues Nähgarn
◆ rotes Stickgarn
◆ dünne weiße
  Baumwollkordel
◆ drei weiße
  Knöpfe (1 cm ⌀)
◆ schwarzer
  Filzstift
◆ roter Buntstift

Vorlage L

❶ Alle Motivteile doppelt anfertigen, nur die weißen Socken einfach zuschneiden.

❷ Drei Knöpfe auf die Jacke nähen. Das Bauchteil aus roséfarbenem Canson deckungsgleich aufeinanderkleben, daran die Hose befestigen. Die Jacke so ankleben, daß der rechte untere Rand lose bleibt. Die weißen Strümpfe fixieren und mit roten Streifen versehen. Die ockerfarbenen Schuhe ergänzen.

❸ Den Kopf anfügen, gelbe Haare und die rote Mütze anbringen. Das Gesicht gestalten: Weiße Augenpunkte und eine rote Nase aufkleben, mit Filzstift Pupillen und Mund einzeichnen. Die Wangen mit Buntstift betonen.

❹ Für den Bommel rotes Stickgarn vielfach um einen 1,8 cm breiten Pappstreifen wickeln, einen Faden längs hindurchziehen und das Garn damit zusammenbinden. Die Wickelfäden aufschneiden und den Faden von hinten an der Mütze befestigen. Die Arme des Wichtels an dem Tannenzweig anbringen und die beiden Hände darüberkleben.

❺ Das Bild auf der Rückseite deckungsgleich ergänzen. Zuletzt eine weiße Kordel so um die Hose herumschlingen, daß sie seitlich durch die Kerben (s. Vorlage) geführt wird. Vorne eine Schleife binden und die Enden der Kordel mit Holzleim verkleben, damit sie nicht ausfransen.

Motivkarten aus Filz

Material

- ◆ Doppelkarten (12 x 17 cm) in Orange, Violett, Gelbgrün, mit passenden Umschlägen
- ◆ Canson/Ton-papier in Pink, Orange, Grün
- ◆ Filz in Mittel-blau, Violett, Türkis, Gelb, Grün, Rot, Weiß
- ◆ Transparent-papier
- ◆ dünnes Stickgarn in Orange, Blau, Türkis

- ◆ Stecknadeln
- ◆ Sticknadel

Vorlage
M 1 – 3

❶ Die Motive vom Vorlagenbogen mit Hilfe von Transparentpapier (s. Seite 4) auf gelben, grünen, roten und weißen Filz übertragen und ausschneiden.

❷ Für jedes Motiv eine Filzunterlage (s. Vorlage) anfertigen: Den Stern auf einem blauen, den Baum auf einem violetten und die Mütze auf einem türkisfarbenen Hintergrund anbringen. Dafür die Filzmotive zunächst fest-stecken, evtl. heften und mit dünnem Stickgarn und einfachen Stichen (z.B. Überwendlingsstichen) aufnähen.

❸ Die fertigen Teile auf die entspre-chenden Doppelkarten kleben. Die orangefarbene Karte mit pinkfarbenen Kreisen, die gelbgrüne Karte mit grü-nen Ringen und die violette Karte mit orangefar-benen Sternen aus Canson verzieren.

Weihnachtsteller

Material

- ◆ **Partyteller aus Pappe (Kaufhaus, Supermarkt)**
- ◆ **Canson/Tonpapier in Weiß, Rosé, Gelb, Rot, Grün, Braun**
- ◆ **Streifen-Fotokarton in Rot-Weiß**
- ◆ **Plakatfarbe in Blau**
- ◆ **farbloser Mattlack**
- ◆ **schwarzer Filzstift**

Vorlage N

❶ Den Pappteller mit blauer Plakatfarbe gut deckend bemalen und nach dem Trocknen mit Mattlack überziehen.

❷ Die Bildteile des Weihnachtsmannes aus Canson ausschneiden. Dann die Figur zusammenfügen: Am Gesicht den weißen Bart mit Pelzbesatz anbringen, die rote Nase befestigen. Mit Filzstift die Augen zeichnen. Die rote Mütze von hinten gegen den Besatz kleben, einen weißen Bommel ergänzen.

❸ Den Kopf auf den roten Mantel setzen, diesen an Ärmeln und Saum mit weißem Pelzbesatz schmücken. Grüne Handschuhe und braune Stiefel von hinten an der Figur anbringen. *Achtung:* Vorher überprüfen, ob die Figur in der Höhe gut in die Tellervertiefung paßt.

❹ Aus gestreiftem Fotokarton drei Schalteile zuschneiden und den Weihnachtsmann damit dekorieren. Die fertige Figur auf dem Teller fixieren, einen braunen Stab mit gelbem Stern hinter die Hand schieben. Den Tellerrand mit gelben Sternen in zwei unterschiedlichen Größen schmücken.

Neben dieser Auswahl aus der Brunnen-Reihe
haben wir noch viele andere Bücher im Programm:

Hobby- und Bastelbücher, Bücher zum Spielen und Lernen
mit Kindern, Ratgeber-Bücher für Eltern

Wir informieren Sie gerne - fordern Sie
einfach unsere neuen Prospekte an.

3-419-55990-9

3-419-55988-7

3-419-55987-9

3-419-55986-0

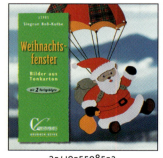

3-419-55985-2

Wir sind für Sie da, wenn Sie Fragen zu AutorInnen, Anleitungen oder Materialien haben.
Und wir interessieren uns für Ihre eigenen Ideen und Anregungen. Faxen, schreiben Sie oder rufen Sie uns an.
Wir hören gerne von Ihnen! Ihr Christophorus-Verlag

CHRISTOPHORUS
Bücher mit Ideen

Hermann-Herder-Str. 4 / 79104 Freiburg i. Breisgau

Tel: 0761/2717-0 oder Fax: 0761/2717-352